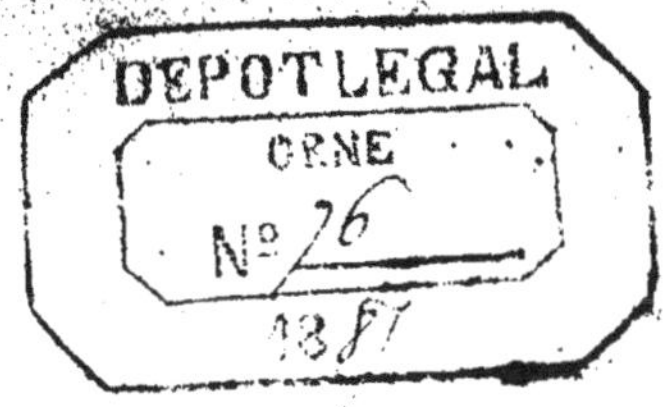

PAUL RABAUT

LE PASTEUR DU DÉSERT

ALENÇON
Imp. A. LEPAGE, rue du Collège, 8

1885

PAUL RABAUT

LE PASTEUR DU DÉSERT

I

TRISTE ÉTAT DES ÉGLISES PROTESTANTES

AU COMMENCEMENT DU XVIIIe SIÈCLE

Les Eglises sous la Croix ! — C'est ainsi que les Eglises protestantes de France ont été désignées durant le siècle dernier. Ce nom peut être appliqué à leur histoire tout entière. D'après Sismondi (*Histoire des Français,* vol. xxv, p. 522), sur un peu moins d'un million de protestants qui restèrent dans le pays après la révocation de l'édit de Nantes (1685), il y en eut trois ou quatre cent mille qui périrent dans les combats, par la fuite, dans les prisons, aux galères ou sur l'échafaud. Dans le Languedoc seul, au dire de l'intendant Bâville, cent mille personnes furent victimes de la persécution et, dans ce nombre, un dixième finirent leurs jours sur l'échafaud, aux galères ou sur la roue.

Bien des gens, estimables d'ailleurs, approuvèrent ces persécutions. Mme de Sévigné, par exemple, l'une des femmes les plus aimables du dix-septième siècle et connue pour son extraordinaire bon sens, approuvait absolument la tentative que faisait

Louis XIV d'exterminer le protestantisme. Elle écrivait, en effet, en 1685, au comte de Bussy : « Vous « aurez vu, sans doute, l'édit par lequel le roi révo- « que celui de Nantes. Rien n'est plus beau que tout « ce qu'il contient et jamais aucun roi n'a fait et « ne fera rien de plus honorable. » A quoi le comte réplique : « J'admire la conduite du roi pour « ruiner les Huguenots ; les guerres qu'on leur « a faites autrefois et la Saint-Barthélemy ont mul- « tiplié et donné vigueur à cette secte. Sa majesté « l'a sapée petit à petit, et l'édit qu'il vient de « donner, soutenu des dragons et des Bourda- « loue, a été le *coup de grâce.* »

Pour les élégants et raffinés gentilhommes de la cour de Louis XIV, ces Huguenots, qui osaient réclamer le droit d'adorer Dieu selon leur conscience, n'étaient qu'une vermine humaine qu'il fallait exterminer par le feu et par l'épée. Aussi Mme de Sévigné plaint-elle son neveu, le marquis de Trousse, d'être engagé dans l'œuvre terriblement fatiguante de faire la chasse de ces « misérables Huguenots. » Il battait le pays avec des bandes de soldats, comme nos chasseurs modernes qui battent les bois pour poursuivre le gibier. Partout où ils rencontraient une assemblée quelconque priant ou chantant des psaumes, les soldats tiraient sur eux ou les massacraient.

Quiconque exerçait la charge de pasteur s'exposait à être pendu ou roué vif, et dès lors ces malheureuses gens se trouvaient entièrement privés de leurs conducteurs ordinaires. En 1660, la France comptait 665 pasteurs, et il n'en restait pas un seul au commencement du siècle suivant : Louis XIV les avait tous chassés de leur patrie par la révocation de l'édit de Nantes.

Chose étrange ! du sein de cette désolante persécution surgit une vie religieuse nouvelle. Au lieu d'un prédicateur il y en eut mille.

Des personnes, jusqu'alors incapables d'assembler convenablement une demi-douzaine de mots français et accoutumées à parler uniquement leur patois, prêchèrent des sermons touchants et en excellent français. Ce mouvement eut lieu surtout dans les Cévennes. C'est là, et spécialement dans la vallée faisant face au Rhône et à la Méditerranée, que la Parole du Seigneur eut cours, électrisant l'âme de ces pauvres paysans, jusqu'à leur faire prendre finalement les armes, comme l'Israël d'autrefois, contre leurs oppresseurs. Sans chefs instruits, conduits simplement par leurs prophètes, ils tinrent en échec et mirent aux abois les armées que Louis XIV envoya contre eux. On vit même un de leurs conducteurs, qui n'était avant la guerre, qu'un simple garçon boulanger, conclure finalement un traité de paix avec un maréchal de France.

II

LE « NÉHÉMIE » DU PROTESTANTISME

Pendant l'été, les rivières des Cévennes sont souvent presque à sec. On ne voit alors que quelques flaques d'eau trouble sur un lit caillouteux où, peu de mois auparavant, coulaient des eaux rapides qui portaient la fertilité dans les vallées et les plaines du Languedoc. Mais remontez l'un de de ces cours d'eau jusqu'à sa source, et là vous verrez l'onde tomber goutte à goutte entre des rochers de calcaire, puis s'échapper, presque invisible, au milieu d'un amas de buissons, de ronles et d'orties. Qu'ensuite la sécheresse passe, que sa pluie se mette à tomber, et alors la rivière grossira promptement ; elle ira porter au loin une vie nouvelle. Néanmoins, ces eaux perdraient la moitié de leur effet si des mains empressées ne nettoyaient leur lit des buissons et des ronces, n'en ôtaient les épaves de bois mort et ne leur ouvraient ainsi le chemin de leurs anciens canaux.

Et que serait-ce si on avait à accomplir cette tâche en face d'un ennemi résolu à l'empêcher, s'attroupant en masse dans les enfoncements des collines, et veillant nuit et jour, le fusil en main ? Il faudrait, pour atteindre le but, une peine qui ne se lasserait point, une vigilance qui ne connaîtrait point le sommeil, en un mot, une patience à toute épreuve.

C'était là, dans un sens moral et spirituel, l'œuvre qu'il y avait à faire pour le protestantisme. Les qualités que réclamait une si grande tâche se rencontrèrent chez Paul Rabaut, qui, pour maintenir vivantes les *Eglises du Désert*, resta plus de cinquante ans à la peine.

Après la guerre des Camisards, la vie spirituelle du protestantisme se trouvait atteinte dans son siège même. Non seulement les sources s'étaient desséchées, mais encore on ne retrouvait plus trace du lit des ruisseaux.

Les besoins des Eglises étaient donc grands, et l'on pouvait bien réellement dire d'elles : « Ceux « qui sont restés de la captivité sont au comble de « la misère et de l'opprobre ; la muraille de Jérusa- « lem est détruite et ses portes ont été brûlées « par le feu. » (Néhem. I, 3). Il était donc temps que parût un Néhémie.

Antoine Court, né en 1696 à Villeneuve-de-Berg, dans le Vivarais, avait huit ans, quand finit la guerre des Camisards. Il prêchait déjà à dix-sept ans ; trois ans plus tard, il résolut de rétablir la vieille organisation des Eglises protestantes de France et de pourvoir chacune d'elles de pasteurs et d'anciens. Le projet était hardi. En effet, si la simple apparition d'un pasteur en France était un crime passible des galères, quel ne devait pas être le châtiment réservé à quiconque tenterait de faire revivre le ministère évangélique dans le pays tout entier !

De plus, Antoine Court eut le peuple contre lui. « La secte des inspirés, » comme on appelait ses opposants, était encore nombreuse, et elle l'accusait de faire la guerre à Dieu. Court était né de parents pauvres. Il était relativement peu instruit, mais il était doué d'une forte foi et en possession d'une grande idée. C'était, en outre, un homme de volonté ferme, doué d'un esprit clair et ayant une grande énergie physique. Il convoqua à une réunion dans un lieu solitaire des Cévennes, un certain nombre de ceux qui prêchaient ou prophétisaient. Ils prêtèrent serment de fidélité aux principes évangéliques et à la discipline des Eglises réformées de France telle qu'elle avait existé avent la révocation de l'édit de Nantes. Ce synode, le premier tenu en France depuis trente ans, se réunit le 21 août 1715. Quatre jours après, Louis XIV, sur son lit de mort, fixant ses yeux sur le clergé qui l'entourait affirmait que c'était à lui de répondre devant Dieu de tout ce qui avait été fait.

Nous ne savons pas si les paroles du monarque mourant firent quelque impression sur les dignitaires de l'Eglise, mais, ce qu'il y eut de certain, c'est qu'après que Louis XV eut atteint sa majorité, et que les prélats eurent repris à la cour leur influence, la persécution recommença plus violente que jamais.

Un nouvel édit parut en 1724. Non seulement on y prononçait la peine de mort contre les pasteurs, mais on y déclarait aussi que ceux qui ne les dénonceraient pas seraient condamnés aux galères pour la vie si c'étaient des hommes, ou à une prison perpétuelle si c'étaient des femmes. D'autre part, les prêtres étaient requis de visiter les malades et de les exhorter en tête à tête, sans témoins. Si des protestants se mêlaient d'exhorter leurs amis malades, il s'exposaient aux galères pour la vie. *Aux galères* pour la vie ! Tel était le châtiment de ceux dont la religion ne s'accordait pas avec l'idée d'un Etat despotique.

On désignait d'ailleurs tous les protestants sous l'appellation commune de « nouveaux catholiques. » Ils ne pouvaient se marier qu'autant qu'ils observaient les formalités prescrites par les « saints canons. » Ils s'y soumettaient, mais, malgré cela, les prêtres, armés de tout pouvoir, leur faisaient subir toute sorte d'insultantes humiliations. Dans beaucoup de diocèses, on leur enjoignait même de maudire solonnellement leurs parents décédés, et de jurer qu'ils croyaient à leur damnation éternelle.

Nul doute que les efforts d'Antoine Court pour relever les murs de l'Eglise désolée ne fussent, en partie du moins, cause de ces lois monstrueuses. Quoi qu'il en soit, il était bien déterminé à ne pas laisser plus longtemps les Eglises protestantes sans un ministère dûment autorisé. Afin d'avoir des pasteurs instruits, Court se détermina à fonder, pour eux, un collège à Lausanne. Ce collège fut ouvert le 15 mai 1729. Il alla lui-même en prendre la direction.

III

JEUNESSE DE PAUL RABAUT ; PERSÉCUTIONS.

L'auteur de l'Epître aux Hébreux compte parmi les souffrances des chrétiens, non seulement les persécutions qu'ils ont personnellement endurées, mais encore les liens de sympathie qui les ont unis à ceux qui étaient aussi maltraités. C'est une affliction de cette sorte que dut subir celui qui allait succéder à Antoine Court dans la tâche de restaurateur du protestantisme français.

Ce fut en 1734 que Paul Rabaut s'associa pour la première fois à ceux qui exerçaient alors la charge périlleuse du ministère au désert. « Nous errions, « dit-il, par les déserts et par les montagnes.... « exposés à toutes les injures de l'air n'ayant que la « terre pour lit et le ciel pour couverture »

Ce jeune homme plein de zèle était fils d'un pieux fabricant de drap. Il naquit à Bédarieux, près Montpellier (Hérault), le 29 janvier 1718. Il commença de bonne heure à déployer un zèle ardent pour la cause de l'Evangile et fut admis en 1738 — à l'âge de vingt ans — au nombre des prédicateurs. Il épousa Madeleine Gaidan qui appartenait à une famille d'une certaine aisance. Six mois environ passés au collège de Lausanne (en 1740) ajoutés aux mois d'école qu'il avait eus avant sa seizième année, voilà à peu près tout le temps qu'il consacra à acquérir la seule instruction qu'il reçut jamais des hommes.

Il est clair que sa foi ne reposait point sur la sagesse humaine, mais sur la puissance de Dieu. Pour un esprit comme le sien, qui alliait les talents pratiques aux capacités intellectuelles, le service actif de l'Eglise, les relations qu'il dut entretenir avec ses collègues dans le ministère, la nécessité où il fut de se familiariser de bonne heure avec les périls constants que lui créait sa situation furent peut-être la meilleure école pour son éducation. Antoine Court dut penser ainsi, car autrement il ne se fût pas séparé sitôt de son disciple bien-aimé. Il ne revit Paul Rabaut qu'en 1744, et il écrivait alors : « L'ami Paul Rabaut ne m'a pas quitté, « et je ne puis pas vivre sans lui. » De son côté, le « jeune pasteur écrit à Court : « Quel vide je sens « quand nous ne sommes pas ensemble ! Il me sem- « ble que je n'existe qu'à demi et qu'une partie de « moi-même m'a été arrachée. » Et une autre fois : « Vous êtes le principal, le premier et le plus cher « de mes amis.» — « Vous connaissez mes sentiments. « le bouleversement du monde entier n'y apporte- « rait aucune altération.

L'occasion de se rencontrer leur fut sans doute fournie par le synode national tenu en 1744, et à propos duquel Antoine Court dit avoir prêché à un auditoire de 10,000 personnes de toutes les parties de la France.

Mais la guerre que la France eut alors à soutenir avec l'Angleterre rendit le gouvernement français doublement ombrageux, parce qu'il croyait ses sujets protestants ligués avec l'ennemi. C'était assez naturel de sa part puisqu'il avait tout fait pour se les aliéner. Mais le patriotisme est un instinct qui survit souvent aux plus grands actes d'injustice. Les protestants se croyaient tenus religieusement à honorer le roi ; ce qui le prouve, c'est que ce même synode ordonna un jour spécial de jeûne pour implorer la protection de Dieu en faveur du roi pour le succès de ses armes, la cessation de la guerre et la délivrance de l'Eglise.

Néanmoins, cédant aux sollicitations du clergé, Louis XV promulgua de nouveaux édits plus sévères que jamais. A l'avenir, assister à une réunion de culte c'était un crime entraînant la confiscation totale des biens, la peine des galères pour les hommes et celle de la réclusion perpétuelle pour les femmes ; tout cela « sans forme ni figure de procès. »

Veux-on savoir ce que c'était que d'être envoyé aux galères?

Un officier de la marine française, l'amiral Baudin, va nous l'apprendre : « Les condamnés, dit-il, étaient « enchaînés deux à deux sur les bancs des galères, « et ils y étaient employés à faire mouvoir de lon-« gues et lourdes rames, service extrêmement péni-« ble. Dans l'axe d'une galère, et au milieu de l'es-« pace occupée par le banc des rameurs, régnait « une espèce de galerie, sur laquelle se promenaient « continuellement des surveillants armés chacun « d'un nerf de bœuf, dont ils frappaient les épaules « des malheureux qui, à leur gré, ne ramaient pas « avec assez de force. Les galériens passaient leur « vie sur les bancs. Ils y mangeaient et y dormaient « sans pouvoir changer de place plus que ne leur « permettait la longueur de la chaîne, et n'ayant « d'autre abri contre la pluie ou les ardeurs du

« soleil, ou le froid de la nuit qu'une toile qu'on « étendait au-dessus de leurs bancs, quand la galère « n'était pas en marche et que le vent n'était pas « trop violent. »

A toutes ces misères, il faut ajouter qu'ils étaient soumis à un certain nombre de règlements qui, pour un esprit sensible, semblaient calculés de manière à rendre l'horreur de la situation plus intense encore. Ils étaient habillés d'un effroyable habit à couleurs voyantes ; leur linge était nettoyé d'une manière révoltante pour la nature humaine; on leur tenait les sourcils soigneusement rasés, et on leur suspendait au cou un baillon de liège qu'on leur appliquait pour certaines manœuvres. Ils étaient attachés à une poutre par une lourde chaîne.

C'est là l'effroyable destinée à laquelle étaient condamnés des centaines de braves gens de tout rang. M. A. Coquerel fils, dans son livre *Les Forçats pour la Foi*, nous a donné les noms de plus de 1,550 protestants qui souffrirent ainsi entre la révocation de l'édit de Nantes et le commencement du règne de Louis XVI.

L'ordonnance dont nous avons parlé avait été rendue au commencement de 1745; elle fut aussitôt mise en vigueur. Depuis quelque temps déjà, Paul Rabaut avait été nommé pasteur à Nimes.

Il nous est presque impossible de concevoir l'état de choses qui donnait lieu à de pareilles iniquités. Nous courons même le risque de lire une histoire pareille sans en ressentir tout l'odieux. On peut dire cependant qu'il n'y a peut-être jamais eu de grande cause religieuse qui ait possédé deux chefs si peu susceptibles d'enthousiasme, et, de leur nature, aussi prudents par leur conduite et par leur langage, qu'Antoine Court et Paul Rabaut. Eh bien! écrivant à son collaboroteur, Court parle des souffrances, endurées par un nombre infini de malheureux innocents *comme produisant un désespoir* — ce sont ses propres paroles — *qui dépasse toute considération humaine et même toute religion.*

Paul Rabaut a tenu un journal dont il existe deux fascicules, l'un écrit de 1750 à 1754, et l'autre de 1755 à 1756. Ils nous rapportent les dangers courus par les assemblées par suite de l'irruption soudaine des troupes. Le plan qu'on adoptait dans ce cas était de se rendre aux réunions en aussi grand nombre que possible, et, lorsque les troupes paraissaient, de se lever tous en masse, afin de donner au pasteur l'occasion de s'échapper. Il était convenu que, dans la circonstance, un des assistants devait s'approcher du commandant pour l'engager à être raisonnable, et que si les soldats voulaient arrêter quelqu'un, toute l'assemblée s'offrirait elle-même comme prisonnière.

Mais que cette méthode calme et pacifique était difficile à pratiquer au milieu de populations aussi excitables que celles de la Provence et du Languedoc! On peut en juger par le fait suivant qui se passa lors d'une assemblé tenue par Paul Rabaut.

C'était le jour du nouvel an 1756. L'Eglise de

Nîmes eut un service dans un vallon reculé aux environs de cette ville. Les assistants, à peine assemblés, furent tout-à-coup surpris par les soldats. Ils prirent la fuite et se dispersèrent parmi les rochers comme un troupeau de chèvres qu'on assaille. Un des plus agiles fut un jeune homme nommé Jean Fabre. Soudain il se rappela qu'il y avait parmi les assistants son père, un faible vieillard de soixante-dix ans. Retournant sur ses pas, il vit son père aux mains des soldats. Il courut alors vers eux et insista fortement pour être pris à la place du vieillard. Celui-ci, ne voulant pas accepter un tel dévouement, suppliait son fils de s'en aller. Cette lutte de générosité dura quelque temps; finalement, saisissant son vieux père par le milieu du corps, le jeune homme le transporta sur une pierre où il le déposa doucement. Il se livra ensuite comme prisonnier. Convaincu d'avoir assisté à une assemblée illégale, il fut envoyé aux galères, et il y serait probablement resté toute sa vie, si la particularité de son cas n'eût touché le cœur de quelques personnages puissants qui le firent relâcher au bout de six ans.

Ceux qui condamnèrent Jean Fabre connaissaient fort bien tous les incidents de son arrestation. Le duc de Montpensier, alors intendant du Languedoc, dans les sentiments de pitié que ce fait lui inspira, fit proposer à Paul Rabaut de quitter le pays, lui offrant, en échange, le pardon de Jean Fabre et de l'autre prisonnier pris dans la même circonstance. Ceux-là seuls qui peuvent se figurer la peine qu'il y avait à refuser une telle requête apprécieront pleinement l'austère courage qui faisait résister à une pareille pression morale. C'est ce courage que montra Paul Rabaut. Il ne se laissa influencer par aucune tendance, qui aurait pu compromettre le but que Court et lui paraissent avoir eu en vue. Ce but était d'affirmer avec persistance, par des actes répétés, les droits de la conscience, et ceux de l'Eglise protestante comme société chrétienne régulièrement constituée.

Ces deux hommes s'opposèrent vigoureusement à toute tentative de résistance, et, sous aucun prétexte, ils ne permirent pas qu'on se rendît en armes aux assemblées. Ils recommandaient au peuple le calme et l'union en face du danger. En même temps, ils engageaient les pasteurs à ne montrer jamais la moindre velléité de céder, et à ne jamais cesser de tenir leurs réunions jusqu'à ce qu'il leur fût absolument impossible de le faire. Paul Rabaut fut lui-même un éminent exemple de cette prudence unie au courage. Mais quelques-uns de ses premiers compagnons d'œuvre dans le ministère n'eurent pas l'occasion de déployer une aussi patiente ténacité. Ils furent appelés trop tôt à échanger la terre pour le ciel en mourant martys de leur foi.

C'est ainsi que Louis Ranc fut, à l'âge de vingt-six ans, pendu à Die (Drôme) en 1745. Après lui, Jacques Roger subit encore le martyre à l'âge de soixante-dix ans. Son corps fut laissé sur le gibet vingt-quatre heures, et jeté ensnite dans la rivière de l'Isère. Le troisième fut Mathieu Majal, surnommé Désubas. Comme Ranc, il n'avait que vingt-six ans et il fut mis à mort le 2 février 1746.

L'arrestation de ce dernier provoqua une émeute parmi les montagnards du Vivarais. Ils tentèrent de le délivrer et six furent tués dans la bagarre. Tout le district était en armes. Les pasteurs s'efforcèrent de mettre fin à la collision, en suppliant le peuple de rester tranquille. Mais les révoltés s'attroupèrent autour de la prison, déterminés à délivrer leur ministre. Ce ne fut que lorsque Désubas leur écrivit lui-même un billet pour les supplier de se retirer qu'ils déposèrent leurs armes, et qu'ils consentirent à écouter les pasteurs.

Désubas fut amené à Montpellier. Les juges qui le condamnèrent pleurèrent en prononçant sa sentence. « C'est avec douleur que nous vous condamnons, lui dirent-ils, mais ce sont les ordres du roi. » « Je le sais, messieurs, » dit le martyr.

Chacun alors croyait que les ordres du roi étaient comme un arrêt du ciel. Les protestants paraissaient avoir eu foi eux-mêmes en la bonté paternelle et en la justice native du cœur du roi. Ils écrivirent en effet à Louis XV (et selon toute probabilité Paul Rabaut rédigea leur lettre). Ils déclaraient qu'ils se jetaient au pied du trône avec tout le respect dont ils étaient capables, et ils suppliaient le roi d'abaisser un regard de compassion sur leur déplorable condition. Ils le conjuraient de faire cesser, dans sa grande clémence, l'exécution de leurs pasteurs, de délier les fers de leurs frères, d'ouvrir les prisons où leurs sœurs étaient enfermées et exposées à toute espèce de misères, de ne pas permettre qu'on leur enlevât leurs enfants, et enfin de ne pas les priver plus longtemps de l'exercice de leur religion sans laquelle la vie ne valait pas plus que la mort.

La seule réponse que reçut ce touchant appel fut le renouvellement des dragonnades dans le Languedoc. La cour de Versailles se laissait aller à des menaces plus générales et des persécutions encore plus vexatoires. Les protestants étaient allés au roi comme des enfants à un père ; il leur répondit en les frappant dans leurs plus chères affections. En effet, il leur ordonna de porter, dans la quinzaine, leurs enfants aux églises paroissiales pour leur faire administrer le baptême, sous peine d'être poursuivis avec toute la rigueur de la loi.

Ce fut là un des actes à propos duquel les pasteurs du Désert ne voulurent permettre aucun compromis. Ils savaient toute l'importance qu'y attachait l'Eglise de Rome, et les prétentions qu'elle basait dessus ; ils conseillèrent donc à leurs troupeaux de refuser à tout prix d'obéir. De son côté, le clergé était déterminé à faire exécuter de force l'édit. Ainsi, à Lussan, on fit traîner les enfants à l'église par les soldats ; au Caylar, la population se réfugia dans les montagnes, mais, n'y pouvant pas supporter leur misère, les fugitifs revinrent chez eux et achetèrent la paix par leur soumission ; à

Ledignan, les paysans se soulevèrent et tuèrent quelques prêtres qni étaient tombés entre leurs mains. Cependant leur conduite, au lieu de provoquer la vengeance, porta l'intendant, non seulement à évacuer le village, mais à rendre encore l'argent qu'on avait pris au peuple. Le Caylar fut, au contraire, traité avec la plus extrême rigueur, les habitants furent chassés, leurs biens saisis et leurs maisons fermées.

Ces choses se passaient en 1751. Le 30 janvier 1752, Rabaut retournait d'une assemblée qu'il avait tenue au Désert, en compagnie d'un jeune homme nommé François Bénézet, candidat au saint ministère. Ils furent surpris et arrêtés par quelques dragons. Le lieutenant qui commandait la troupe, craignant de ne pas pouvoir les amener tous les deux, prit l'étrange résolution de relâcher le plus vieux. Il n'avait, évidemment, aucune idée de l'importance de sa capture, car la tête de Rabaut valait une énorme somme. Ecrivant six mois après avoir si extraordinairement échappé au supplice, car son compagnon fut pendu, Rabaut dit : « Ma tête était « à 6,000 fr., aujourd'hui elle est à 20,000, et, au « lieu de la corde, on me menace de la roue. »

Un document, publié en 1758 par la police et joint aux ordres qu'on envoyait continuellement pour la recherche et la capture des ministres protestants, donne comme suit son signalement :

« Paul Rabaut, ministre, âgé d'environ quarante « ans ; taille de 5 pieds moins 2 pouces ou environ ;

« visage uni, long et maigre, un peu basané ; che-
« veux noirs, portant perruque ; le nez long et
« pointu, un peu aquilin ; les yeux noirs, assez bien
« fendus ; le corps un peu penché du côté droit ; les
« jambes fort minces, la droite contournée en
« dedans. On prétend qu'il lui manque une dent sur
« le devant de la mâchoire supérieure. »

Ce terrible criminel dont les défauts physiques sont ainsi publiés par tout le pays, semble avoir échappé à ses ennemis comme s'il eût été un esprit plutôt qu'un homme en chair et en os. On ne s'acharnait pas seulement après lui par des espions, mais encore par des soldats déguisés qui avaient pour instruction de le prendre vivant s'ils le pouvaient, ou sinon de s'en défaire en l'assassinant.

Afin d'éviter ces terribles périls, il fit comme les autres pasteurs : il voyageait sous des noms supposés. Tantôt il était M. Paul, M. Denys, tantôt Pastourel le pâtissier, Pastourel, le garçon boulanger, ou bien M. Paul Tuabar (anagramme de Rabaut), M. Théo, marchand, M. Théophile, le marchand de perles fines. Un nombre considérable de ses lettres portent l'adresse singulière de Mademoiselle Jeannette.

Le rire et les larmes se tiennent parfois. On aime à noter que ces héroïques confesseurs, au milieu de toutes leurs épreuves, se laissent aller à leur bonne humeur et se rient presque de leurs aventures, comme des enfants qui ont fait une bonne partie de cache-cache.

Constamment obligé de changer de costume comme de nom, Paul Rabaut ne pouvait pas rester longtemps dans le même endroit ; il était forcé de passer promptement d'un lieu à l'autre. Quelques jeunes gens fidèles le précédaient, le suivaient et l'entouraient, l'avertissant par des signaux là où il y avait quelque probabilité de danger. Malgré toutes ces précautions, il n'échappa parfois qu'avec la plus extrême difficulté. A l'époque où nous sommes parvenus, il fut forcé de se cacher dans une espèce de cabane creusée en partie dans la terre et couverte de pierres et de broussailles. Ce misérable trou au milieu d'une garrigue solitaire lui servait à la fois et de chambre à coucher et de cabinet d'étude. Encore ne lui fut-il pas permis d'y rester en paix ; car un berger, passant par là, tout en faisant paître son troupeau, découvrit la cachette et en informa la police.

IV

MINISTÈRE COURAGEUX ET PERSÉVÉRANT

Rabaut cependant ne se laissa point émouvoir par le danger, et il ne compta point sa vie pour précieuse pourvu qu'il remplit fidèlement son ministère. Si nous avions de lui plus de discours que nous n'en avons, nous pourrions montrer par ses propres paroles quel était le secret de sa force. Mais il ne nous a été conservé que quelques spécimens de ses sermons. Voici néanmoins un passage de l'un d'eux qu'il prêcha à peu près vers cette époque. Il porte la date du 23 avril 1750 :

« Pour aimer Jésus-Christ comme il le demande
« il faut le suivre jusqu'au Calvaire, il faut aller
« avec lui en prison et à la mort, il faut l'aimer plus
« que vos biens, que votre liberté et que votre vie
« même. Et pourquoi ne sacrifierions-nous pas nos
« biens, puisqu'il s'est fait pauvre pour nous enrichir?
« Pourquoi ne sacrifierions-nous pas notre liberté,
« puisqu'il a souffert le supplice des esclaves? Pour-
« quoi ne donnerions-nous pas notre vie pour lui,
« puisqu'il a donné la sienne pour nous? Pourquoi
« ne l'aimerions-nous pas de toutes les puissances de
« nos âmes puisqu'il nous a aimés le premier, et
« d'un amour que le nôtre n'égalera jamais? »

Quelques mois après, il écrivait une lettre où il rapporte qu'on offrait pour sa tête une récompense de 20,000 fr. Dans cette même lettre, il fait part de la nouvelle qui lui était parvenue que le ministre de la guerre, M. de Paulmy, devait passer par le Languedoc, dans la tournée qu'il faisait pour inspecter les forteresses de la côte. Le pasteur proscrit se détermina à saisir cette occasion pour voir le haut fonctionnaire et pour lui remettre en mains, un mémoire sur les souffrances des protestants. Il rend compte lui-même de l'entrevue dans une lettre adressée à Antoine Court et portant la date du 27 septembre 1752 ;

« Affligé au dernier point de ne trouver personne
« qui voulût faire cette commission, je résolus de

« l'exécuter moi-même... Pour cet effet, je pris avec « moi deux hommes de confiance, et j'allai attendre « M. de Paulmy trois quarts de lieue en delà « d'Uchaud, le 19e du courant (un mardi). Après « l'avoir attendu longtemps, il arriva enfin à 7 « heures du soir. Quand il fut assez près pour m'en « faire entendre et pour être vu, je criai que j'avais « quelque chose à lui remettre. Il eut la bonté d'or- « donner au cocher d'arrêter ; et m'étant appro- « ché de la portière du carrosse, je lui remis le « mémoire en mains propres. Aussitôt il fit sauter « le cachet, et, sans me donner le temps de lui dire « un mot, il me demanda : « Qu'est-ce que ceci ? » « — Monseigneur, lui dis-je, c'est un mémoire re- « latif à un autre, dressé dans le mois de juin, que « vous devez avoir reçu. Ceux que ce mémoire re- « garde osent se flatter qu'ils éprouveront les « effets de cette bonté et de cette générosité qui « caractérisent votre excellence. » A peine ai-je « prononcé ces paroles, que, faisant une inclination « de tête, il me demanda : « Comment vous appelez « vous ? » — A quoi je répondis : « Monseigneur, « je suis Paul, à vous rendre mes devoirs. » — « « N'êtes-vous pas, ajouta-t-il, Paul Rabaut ? » — « Je suis lui même, Monseigneur, répliquai-je, à « à vous rendre mes respects. » — « J'ai entendu « parler de vous, me dit-il. » — Alors il voulut essayer « de lire quelque chose du mémoire ; mais, voyant « que la lune n'éclairait pas assez pour cela, il le plia, « et, en le mettant dans sa poche, il me fit une très

« profonde inclination pour prendre congé. J'y ré-
« pondis, et lui souhaitai bon voyage. Cela fait, je
« remontai à cheval et m'en retournai en louant
« Dieu et le priant de bénir les soins que nous nous
« donnions pour procurer du repos à son Israël. »

C'est ainsi que ce brave pasteur gagna le cœur d'un homme qui n'avait qu'un mot à dire pour le faire arrêter et le conduire à une mort certaine. Il fallait la foi et le courage de Rabaut pour s'attendre à autre chose qu'à une exécution capitale.

Cette histoire intéressa, paraît-il, le grand monde de Versailles, car le pasteur du Désert fut invité à avoir, avec le prince de Conti, une conférence au sujet des souffrances des protestants. A cet effet, il partit secrètement pour Paris en Juillet 1755. Il eut deux entrevues avec le prince et il lui fit les requêtes suivantes :

Que les galériens et les prisonniers pour motif de conscience, ainsi que les enfants des deux sexes enfermés dans les couvents et dans les séminaires, fussent délivrés et mis en liberté ; que les baptêmes et les mariages protestants fussent déclarés valables et enregistrés ; que le culte public fût permis, sinon dans les temples, du moins dans les maisons privées, à une certaiue distance hors des villes ; que les protestants pussent vendre leurs biens sans autorisation et que les refugiés eussent la permission de rentrer dans le royaume.

On ne peut qu'admirer l'infatigable courage qui poussait Rabaut à faire de pareilles demandes, très modestes il est vrai, si on les envisage à la lumière de la justice, mais audacieuses pourtant, si l'on considère à quelles puissances on avait à faire. Nous ne savons pas si le prince de Conti était sincère, mais le fait est que les négociations n'aboutirent à rien et que la persécution continua. Il est évident toutefois, que les autorités commençaient à respecter Paul Rabaut et à penser que son arrestation et son exécution seraient d'une mauvaise politique. Dès lors on fit tout pour le forcer à quitter le pays.

C'est là ce qu'on avait eu en vue quand on lui avait offert le pardon de Jean Fabre, et, deux ans après quand on voulut effrayer sa femme afin de l'amener à quitter sa maison et à partager la vie errante de son mari. Dans ce but, on n'eut pas honte d'investir, avec un détachement de cent hommes, la maison où elle vivait avec sa mère dans un faubourg de Nîmes. Pour l'en tenir éloignée, on renouvela plusieurs fois cette visite.

Rabaut, dans son journal, nous dit lui-même ce qui résulta de la fuite forcée de la mère de famille hors de chez elle : « Mes enfants sont allés chez M. Chiron, le 28 avril de cette année 1755. » — Ce M. Chiron était un proscrit qui était réfugié à Genève, et les enfants dont il est ici question étaient Jean-Paul, âgé d'environ douze ans, et Jacques-Antoine, qui n'en avait que onze. Il en avait encore un plus jeune, âgé d'environ neuf ans et nommé Pierre-Antoine (1) Il est intéressant d'obser-

(1) Ces trois enfants devinrent pasteurs dans les églises réformées de France, et sont connus sous les noms de Rabaut

ver qn'en donnant à ses enfants leurs noms, le pasteur du Désert joint ensemble les noms des quatre principaux apôtres et le sien propre ainsi que celui de son ami Court.

C'est ainsi qu'au milieu d'afflictions bien propres à briser le cœur du plus brave, Paul Rabaut s'efforça de conserver les tisons épars du protestantisme français, ce qui ne veut pas dire pourtant qu'il fût seul à poursuivre cette tâche difficile. Nous avons, eu effet, mentionné les noms de quelques-uns de ceux qui s'acquirent une gloire plus grande que la sienne, puisqu'ils furent fidèles au point de subir les galères. D'autres, que nous n'avons point nommés, lui furent peut-être supérieurs sous le rapport du talent, ou l'égalèrent en consciencieux courage, bien qu'ils n'aient pas exercé une aussi grande influence. Quoi qu'il en soit, ses amis, non moins que ses ennemis, en vinrent à le considérer comme le pilier même du protestantisme français. Cela est dû sans doute en partie au fait que sa vie embrassa toute la période de l'histoire du protestantisme allant de la guerre des Camisards à la grande Révolution.

Quelle que fût sa situation, une chose toutefois s'accorde bien avec la simplicité de son caractère, c'est l'opinion très modeste qu'il a de lui-même. En effet, écrivant à un de ses amis de la Suisse, en octobre 1755, il lui dit ;

Saint-Etienne (1743-1793), Rabaut Pommier (1744-1820) et Rabaut Dupuis (1746-1808). Ils devinrent tous des hommes politiques distingués, surtout l'aîné.

« Vous savez, Monsieur, que la renommée gran-
« dit les objets, et c'est ce qui a eu lieu par rapport
« à moi. Moins je pense mériter tout ce qu'on dit
« sur mon compte, et plus je dois m'efforcer de
« réaliser le portrait sous lequel on m'a représenté
« à vous. Si la grâce divine m'a donné quelque
« amour et quelque zèle pour la religion, quelque
« désir d'être utile à mes frères, il est vraiment né-
« cessaire que tous ces motifs-là soient pour moi
« aussi vivants et aussi puissants que possible.
« Quand je fixe mon attention sur le feu divin qui
« embrasait, pour le salut des âmes, je ne dis pas
« Jésus-Christ et ses apôtres, mais nos réformateurs
« et leurs successeurs immédiats, il me semble que
« nous ne sommes que glace en comparaison d'eux.
« Leurs vastes travaux m'étonnent et me couvrent
« de confusion. Oh ! que j'aimerais leur ressembler
« en tout ce qui les rendit recommandables ! Les
« éloges que vous me donnez, en me montrant ce
« que je devrais faire, me stimulent puissamment à
« n'épargner aucun effort pour l'accomplir. Soyez
« assez bon pour ajouter à cet encouragement le
« secours de vos conseils, de vos exhortations et de
« vos prières.

V

PAUL RABAUT DURANT LES DERNIÈRES PERSÉCUTIONS.

Qu'arriva-t-il au gouvernement qui avait traité les serviteurs de Dieu d'une manière aussi criminelle ?

En 1762, la paix de Paris fut signée. Michelet, le grand historien, se demande en en résumant les résultats : « Qu'avait perdu la France ? — Le monde, répond-il pas davantage. » En effet, avec le Canada et la Floride, elle avait perdu tout espoir de mettre le pied en Amérique, avec Pondichéry, tout espoir d'un empire indien. Le drapeau anglais était planté sur le sol français, et Pitt voulait prendre Dunkerque.

Tel était l'aveuglement de ceux qui gouvernaient alors la France. Ils choisirent précisément le moment de leur humiliation pour recommencer à persécuter les Eglises du Désert.

En septembre 1761, le jeune pasteur Rochette fut arrêté près de Caussade (Tarn-et-Garonne). Le lendemain c'était un jour de foire, et les gens qui s'y trouvaient, étant pour la plupart protestants, tentèrent de délivrer leur pasteur. Les autorités firent sonner le tocsin et la milice fut convoquée ; on arrêta plusieurs protestants, et parmi eux trois frères, nommés de Grenier, d'une famille jadis anoblie pour avoir introduit la fabrication du verre en France.

Le pasteur et les trois frères de Grenier furent

condamnés. Cependant on n'avait rien à alléguer contre Rochette sinon qu'il était pasteur. Rabaut fit de tous côtés de vains efforts pour obtenir leur grâce. Il écrivit à Madame Adélaïde, fille aînée du roi ; il s'adressa aux puissants ducs de Richelieu et de Fitz-James, et, pour ne pas laisser de pierre sans la remuer, il envoya même une lettre à Rousseau, qui était alors justement considéré comme l'écrivain le plus populaire de la France, il le pria d'user de son influence en faveur de Rochette et des trois jeunes « gentilshommes verriers ».

Une chose surprenante, c'est de voir ici Rousseau prendre la position de quelqu'un qui croit au droit divin des gouvernants à mal faire. Il exprime, il est vrai, le chagrin et l'indignation qu'il ressent de ce qu'on n'accordait pas à ses frères la consolation d'entendre en paix, la parole de Dieu mais il ajoute :

« Pourtant, Monsieur, cette même Parole de Dieu « est explicite sur le devoir d'obéir aux lois des « princes. Le pouvoir de défendre les assemblées « publiques est incontestablement au nombre de « leurs droits, et ces assemblées, après tout, n'étant « pas essentielles au christianisme, on peut s'en « abstenir, sans pour cela renoncer à sa foi. Qui- « conque veut être chrétien doit apprendre, avant « tout, à souffrir, et chacun doit suivre une ligne « de conduite en rapport avec ses principes. »

C'est ainsi que la grande dame de sang royal et le philosophe sentimental avaient passé outre sans s'arrêter auprès des hommes qui étaient tombés entre les mains des voleurs ; il ne restait plus à ceux-ci qu'à regarder au céleste samaritain qui cherche les meurtris pour bander leurs blessures, et pour les porter en sûreté dans la maison de son Père. Rochette et ses compagnons furent exécutés le 26 février 1762.

Mais, pour le gouvernement, la coupe des iniquités n'était pas encore remplie. C'est alors qu'un crime qui dépasse en horreur tout ce qu'on peut raconter, vint soulever l'indignation de tous ceux qui avaient encore en eux quelque sentiment de justice, et terminer pour un temps ce noir chapitre de l'histoire de la méchanceté humaine.

Nous voulons parler du meurtre judiciaire de JEAN CALAS, un digne protestant de Toulouse. Le fils aîné de ce Calas s'était fait catholique, Ce fut là naturellement pour le père un grand chagrin; mais ce chagrin devint plus grand encore quand le jeune homme, dans un accès de noir accablement, se pendit. Toutefois sa douleur fut au comble quand la population catholique de Toulouse se mit à l'accuser d'avoir, pour des motifs religieux, étranglé son fils. Il fut cité en justice, déclaré coupable et condamné à nne mort affreuse. Voilà à quelle perversion de de la justice l'ignorance et le fanatisme conduisent parfois des hommes qui sont éclairés sur d'autres points et qui ne sont pas absolument injustes !

Les juges et les avocats du parlement de Toulouse, en torturant et en faisant rouer vif un vieillard de soixante-quatre ans étaient, semble-t-il, en proie à des idées d'hallucination, puisqu'ils croyaient que les protestants n'étaient pas seulement capables de mettre à mort leurs enfants lorsqu'ils se faisaient catholiques, mais obéissaient encore à cet égard à l'enseignement exprès de Calvin et de Luther.

Ainsi le président du parlement de Toulouse, écrivant au premier ministre de Louis XV, le jour de l'exécution, c'est-à-dire le 10 mars 1762, s'exprime ainsi après avoir relaté le supplice de Jean Calas : « L'action est des plus noires, les motifs des plus « affreux et les conséquences des plus dangereuses « pour l'Etat. Mon zèle pour le service du roi « m'oblige à vous représenter, Monseigneur, qu'il « serait essentiel de trouver des moyens propres à « empêcher l'entrée des ministres de la religion « prétendue réformée dans le royaume et d'empê- « cher aussi pour eux tout commerce avec ceux de « la même religion qui sont dans les pays étrangers, « car là on leur enseigne des *maximes sangui- « naires,* qui, si elles viennent à se répandre de « toute part, causeront ainsi des crimes ef- « froyables. »

Une accusation pareille fut pour les protestants une révélation, et elle souleva parmi eux presque autant d'indignation qu'en avait soulevé le traitement infligé au malheureux Calas que beaucoup supposaient avoir été coupable.

Paul Rabaut, comme leur principal pasteur, publia, à cette occasion, une protestation intitulée ;

« *La calomnie confondue*, ou mémoire dans lequel « on réfute une nouvelle accusation intentée aux « protestants à l'occasion de l'affaire du sieur « Calas, détenu dans les prisons de Toulouse. » Elle avait pour épigraphe : « S'ils ont appelé le maître « de la maison Beelzébut, combien plus appelleront-« ils ainsi ses domestiques ? (Math. X, 25). Au « Désert, 1762. »

Les amis de Paul Rabaut le blâmèrent d'avoir, à cette occasion. manqué de modération. L'abbé de Cautézat répliqua à la protestation. Il déclarait que les pasteurs avaient soin de cacher à ceux dont la naisssance et l'éducation les disposeraient mal à le recevoir, le système sanguinaire qu'ils enseignaient au contraire à tous ceux de leurs disciples qu'ils croyaient disposés à l'accueillir avec faveur, soit par suite de leur caractère ou de leur tempérament, ou soit par intérêt. Et c'était ce noir soupçon qui ne s'était que trop réalisé dans le meurtre de Calas.

La réplique dénonciatoire de l'abbé fut distribuée par le procureur général aux membres du parlement de Toulouse, qui auraient été bien aises de faire partager à Rabaut le sort de Calas. Mais le gouvernement de Versailles fut averti par l'Intendant du Languedoc que « cet homme était en grande « vénération parmi ceux qui professaient sa reli-« gion, et qu'un mandat d'amener lancé contre lui « ne serait pas, par conséquent, très facile à exécu-« ter, parce que les protestants, avertis par un dé-

« crêt du Parlement, ne négligeraient rien pour le « protéger..... D'ailleurs, conclut-il, Paul Rabaut « n'est pas un homme d'un caractère séditieux; on « le dit, au contraire, assez doux. »

Toutes ces considérations furent cause que le parlement dut se contenter d'ordonner que le mémoire de Paul Rabaut fût publiquement lacéré et brûlé. Le gouvernement espérait que le pieux pasteur prendrait la fuite et quitterait le pays. Plusieurs même de ses amis du dehors, soucieux de sa sûreté, lui offrirent non seulement un asile, mais encore une position convenable. De leur côté, les Cévenols craignaient fort qu'ils ne les abandonnât. Heureusement Paul Rabaut tint ferme, quoique son courage fût grandement éprouvé. Il était évident que les autorités de Toulouse n'étaient pas satisfaites, puisqu'elles n'avaient pas fait assez pour qu'on chassât ce diabolique huguenot. Le matin du jour qui suivit l'exécution de Calas, le procureur général demanda qu'on pendît la veuve et le fils de ce dernier, ainsi que l'hôte qui soupait avec la famille lors de la fatale soirée.

Cependant les souffrances du vieux marchand toulousain ne furent pas endurées en vain. Un autre marchand de Marseille qui se trouvait dans cette ville à la fin de mars 1762, alla à Genève et raconta toute l'histoire à Voltaire. Celui-ci embrassa l'affaire avec ardeur et n'eut de repos avant d'avoir obtenu la révision du funeste jugement. Pendant les trois ans que ses efforts durèrent, il dut s'imposer toute la retenue dont il était capable, et il fut constamment inquiet et irritable. Mais lorsque lui arriva la nouvelle que le jugement avait été finalement annulé, le vieillard embrassa le plus jeune fils de Calas, qu'il avait recueilli dans sa maison et ils pleurèrent ensemble de joie. Ecrivant, à ce propos, à un de ses amis, il lui déclarait que, de sa vie, il n'avait jamais eu une joie aussi pure qu'au moment où l'heureuse nouvelle lui était parvenue. Après la Révolution, Calas fut proclamé innocent !

Ce fut là, certainement, l'œuvre la plus pure que Voltaire accomplit jamais, et ce fut probablement aussi la plus grande. Elle porta la cause entière des protestants opprimés devant le tribunal des hommes sérieux de toutes les opinions, et la persécution pour cause de conscience fut déclaré un anachronisme.

Mais il fallait délivrer ceux qui étaient déjà condamnés. Nous avons parlé des malheureux qui étaient aux galères. Le soulagement de ces proscrits du protestantisme fut reconnu comme un devoir qui s'imposait à leurs coreligionnaires, et Paul Rabaut fut chargé d'être l'intermédiaire de son accomplissement. Il fut donc en fréquente communication avec les condamnés et il ne perdit pas un seul instant leur cause de vue.

La délivrance des martyrs s'accomplit finalement par le moyen de son savant ami Court de Gébelin, fils d'Antoine, alors à Paris en qualité de représentant des intérêts protestants. Voltaire y contribua pour sa part. Il délivra au moins un de ces confesseurs sous la croix. Mais les autorités vendirent la clémence comme elles le faisaient de la justice. Ainsi l'un de ces actes fut mis au prix de 3,000 fr. ; mais, comme les philosophes furent plus puissants, il fut réduit à 2,000. Il est difficile de dire toutefois quand le dernier galérien fut délivré.

Les bons offices de Paul Rabaut se portèrent également sur les prisonnières de la Tour de Constance, près d'Aigues-Mortes. Cette tour avait deux appartements circulaires communiquant entre eux par le plafond, et le dernier communiquant avec la plateforme. Les seuls passages qu'ils eussent pour l'air et la lumière leur venaient de lucarnes étroites percées dans des murs épais. C'est là que, durant des années, dans une demi-obscurité, exposées à l'air suffoquant de l'été et aux vents violents de l'hiver, languirent un certain nombre de femmes dont le seul crime était d'avoir une conscience.

La sœur du pasteur martyr, Pierre Durand, passa trente-huit ans de sa vie dans cette triste demeure. Elle écrivit à Paul Rabaut, en 1760, en 1762, et puis encore en 1764. Sa dernière lettre nous donnera une idée des maux qu'elle endurait.

« Monsieur et très honoré pasteur, c'est à vous « que nous avons recours, c'est en votre bonté pas- « torale que je viens chercher un remède pour « tâcher de prévenir un venin qui tâche de se « répandre contre nous... Au nom des entrailles de « la divine miséricorde, faites tous les efforts possi-

« bles pour nous arracher de notre si affreux sépul-
« cre. Que Dieu bénisse votre digne personne et
« votre aimable famille, vous protège et accomplisse
« par vos précieuses mains la grande œuvre de la
« paix la plus désirée, et m'accorde la grâce de
« la plus grande satisfaction que je désire en ce
« monde, qui est, après la paix de l'Eglise, celle
« d'avoir le doux avantage de voir celui que j'aime,
« que j'honore, que je respecte... le grand plaisir
« de vous voir. »

Il y a, dans beaucoup d'églises catholiques de France des tableaux qui représentent les stations de la croix ; mais c'était dans la Tour de Constance, aux galères de Toulon, sous le gibet à Montpellier, sur la roue à Toulouse qu'on en voyait la réalité. Comment donc se fait-il que ceux qui prêchaient avec ferveur et onction sur les souffrances des martyrs, sous Dioclétien, fussent absolument sourds au cri si lamentable qui sortait de ces chambres de torture, de ces galères et de ces gibets : « Saul ! Saul ! pourquoi me persécutes-tu ? »

VI

LE PROTESTANTISME TOLÉRÉ ET LA LIBERTÉ DU CULTE DÉCLARÉE

L'avènement de Louis XVI au trône ouvrit une ère nouvelle. C'était un roi moral, aimable et animé de bonnes intentions ; ses hommes d'Etat étaient éclairés et justes; l'opinion publique se déclarait aussi de jour en jour avec plus de force contre le vieux régime de l'inégalité ei de l'intolérance, et les Eglises du Désert voyaient se réaliser les paroles du Psalmiste : « Les pleurs logent le soir, et le chant « de triomphe survient au matin. » (Ps. XXX, 6).

Ces Eglises étaient bien représentées à Paris par Court de Gébelin, auquel nul n'accordait plus de sympathie que Paul Rabaut, qui connaissait sa grande valeur et qui se tenait vaillamment aux côtés de son ami. Les protestants du midi de la France, occupés uniquement de l'idée de maintenir leur existence et exclus de toutes les professions libérales, s'étaient voués au commerce; ils avaient ainsi bien peu de choses en commun avec un homme d'une érudition immense et d'un esprit philosophique embrassant toutes les connaissances. Toutefois un huguenot était accoutumé à tout, et, de son côté, Court de Gébelin était heureux de profiter de toutes les occasions qu'il avait de servir la cause des Eglises persécutées. C'est ce qu'il fit d'ailleurs de diverses manières. Aussi fut-il un de ceux qui, avec Paul Rabaut, s'opposèrent au dangereux projet de fonder une banque protestante. Paul Rabaut ne voulait pas croire à la bonne foi du gouvernement qui proposait d'avoir soin de leur argent, tout en leur refusant une existence légale, et en tenant leurs coreligionnaires dans les fers. Ce que voulait Court de Gébelin, c'était d'obtenir justice, et il contribua largement è la rédaction des articles de l'édit qui fut finalement rendu en faveur des protestants.

Il fut aidé dans cette œuvre par Rabaut-Saint-Etienne, qui était, lui aussi, un homme de science et qui avait été attiré à Paris par de semblables motifs. En 1786, Lafayette, qui revenait de combattre aux côtés de Washington et qui passa à Nîmes, eut le désir de voir le vieux pasteur du Désert. Ce désir, paraît-il, ne fut pas satisfait, mais il vit son fils aîné, alors collaborateur du père dans l'Eglise de Nîmes, et il l'emmena à Paris.

Paul Rabaut était en communication constante avec son ami et son fils, et c'est ainsi qu'il apprit sans doute tous les détails de leurs fréquentes entrevues avec l'excellent ministre de Louis XVI, Malesherbes. Ils ne manquèrent pas, assurément, de lui dire la position honorable qu'ils occupaient dans la société parisienne. Aussi, quand le vieux pasteur réfléchissait anx circonstances au sein desquelles ces deux hommes étaient nés et avaient été élevés, et qu'il se disait qu'ils étaient tous les deux fils de proscrits, n'ayant eu, toute leur vie que les galères en perspective, il ne pouvait que s'écrier avec admiration : « Voilà ! c'est Dieu qui l'a fait ! »

L'édit de tolérance parut en novembre 1787 et l'on peut mesurer l'étendue de la tentative faite pour supprimer le protestantisme en France, par le fait que ce qu'on fit alors fut surtout de rendre l'existence légale à ceux qui en faisaient profession. Ils pouvaient désormais vivre en France, exercer, à leur choix, un commerce ou une profession ; ils pouvaient se marier légalement, devant certains officiers de l'état-civil, faire enregistrer les naissances de leurs enfants et obtenir les autorisations voulues pour leurs sépultures. Mais il n'était pourtant pas parlé de la liberté de culte.

A cette époque-là, la France vivait d'une vie rapide, et elle faisait parfois en un jour l'œuvre d'un siècle. Rabaut-Saint-Etienne retourna à Nîmes et y prêcha à l'occasion de la publication de l'édit. C'était un homme d'une grande éloquence, mais cette éloquence, à elle seule, n'expliquerait pas le changement extraordinaire qui se manifesta à l'égard de ce fils de proscrit dans l'opinion de ses concitoyens. Quand ils furent appelés en 1789 à envoyer des représentants à l'Assemblée nationale, le peuple de Nîmes choisit dans le nombre le fils de l'homme qui avait été obligé de vivre secrètement dans leur ville, comme un malfaiteur coupable d'un grand crime,

Rabaut-Saint-Etienne alla prendre place au sein de la grande assemblée, dont il devint un membre éminent. Son discours sur la liberté religieuse à propos de l'article qui s'y rapportait dans la déclaration des droits de l'homme, devint fameux.

Le jour si longtemps attendu arriva enfin. Dans la dernière partie de l'année 1792, les protestants de Nîmes commencèrent à célébrer ouvertement leur culte dans l'intérieur de la ville. Leur temple avait été autrefois une église de Dominicains. Paul Rabaut fut au comble de la joie. Il fit la prière de dédicace, et, à la fin du service, il lut le cantique de Siméon : « Seigneur ! tu laisses maintenant aller « ton serviteur en paix, selon ta Parole, car mes « yeux ont vu ton salut. »

Les souffrances n'avaient pas fait de lui un bigot et n'avaient point rempli son cœur d'amertume à l'égard des catholiques. Elles n'avaient pas, non plus, nourri dans son esprit des idées exagérées sur le compte de sa propre religion. Il avait à l'égard des chrétiens en général une telle charité qu'il croyait qu'un jour il y aurait fusion entre toutes les communions chrétiennes, en voyant la tolérance faire sensiblement des progrès.

Par suite de ses infirmités croissantes, il avait, quelques années auparavant, demandé et obtenu du consistoire de Nîmes un congé illimité qui le relevait de ses travaux. Celui-ci, en le lui accordant, le proclamait l'Apôtre et le Restaurateur de leur Eglise. Il lui maintenait aussi les mêmes droits, le même titre et les mêmes émoluments dont il avait joui auparavant. Il possédait d'ailleurs une maison qu'il avait fait construire avec un argent provenant de sa femme. Le pasteur du Désert avait donc devant lui la perspective d'une vieillesse tranquille et heureuse.

VII

DERNIERS JOURS DE PAUL RABAUT

Que de fois nous avons contemplé le soleil qui se couchait à l'occident ! Nous nous attendions alors à voir tout le paysage illuminé par cette scène finale! Mais voici qu'un long nuage noir s'était levé à l'horizon, et l'astre du jour s'était couché au sein de l'obscurité. Il en fut de même pour Paul Rabaut. On peut dire qu'une gloire inaccoutumée rayonna quelque temps autour de sa tête vénérable. Celui qui s'était jeté avec douleur aux genoux d'un despote cruel et insouciant pour ne réclamer de lui que les miettes de sa justice et de sa pitié, reçut un jour un message lui venant d'un de ceux qui étaient à la tête du pays, de son fils, Rabaut-Saint-Etienne, qui lui disait : « *Le président de « l'Assemblée nationale est à vos pieds.* »

Mais le repos n'était pas ce qui convenait à celui qui avait dû soutenir de si rudes combats, et les derniers jours de Paul Rabaut furent traversés par des épreuves plus lourdes encore que les premières. Sa fidèle épouse lui fut enlevée en 1787 ; mais ce ne fut pourtant qu'en 1793 que le coup le plus fort de tous s'appesantit sur ce vieux serviteur de la vérité et de la justice.

Rabaut-Saint-Etienne, le fils qui avait partagé ses afflictions et ses travaux pastoraux et qui avait dévoué à la même grande cause que son père ses vertus et ses talents, — ce fils qui promettait d'être un chef comme il en fallait aux temps nouveaux, — Rabaut Saint-Etienne monta sur l'échafaud avec toute une hécatombe des plus purs, des meilleurs, et les plus sages d'entre les Français.

L'esprit de superstitition et de tyrannie, chassé pour quelque temps, était revenu une fois de plus en France. Ce fut une folie travestie, appelée le culte de la Raison. Toute foi fut alors proscrite et les ministres de tous les cultes furent requis de se démettre de leurs fonctions et de se retirer à vingt lieues de distance des localités où ils avaient officié. Les collègues de Paul Rabaut firent comme tant d'autres pasteurs et s'inclinèrent devant l'orage, mais, quoique faible et brisé de cœur, le restaurateur de l'Eglise de Nîmes devait dire, comme celui qui pouvait lui servir de type : « Comment un homme « comme moi fuirait-il? »

Qu'attendre d'un pouvoir qui reniait le Dieu vivant? Les cheveux blancs, la vertu, le patriotisme, tout ce qui recommande à l'homme le respect, rien n'y fit. Paul Rabaut fut conduit, monté sur un âne, au fort de Nîmes, et il y fut jeté en prison avec d'autres victimes de la fureur révolutionnaire.

Il n'avait à attendre que le sort de son fils. Mais, parfaitement calme pour ce qui le concernait personnellement, il était dans l'angoisse au sujet de ses enfants. Rabaut-Pommier était à la Conciergerie. Rabaut-Dupuis était en exil. Quant à lui, il passait son temps à consoler les captifs qui partageaient son sort, et soutenait leur courage par son exemple. Mais la nouvelle tyrannie se consuma elle-même si promptement que le règne de la Terreur prit fin avant qu'on eût décidé du sort des prisonniers de Nîmes. C'est ainsi qu'après avoir échappé à tant de dangers, Paul Rabaut ne mourut pas sur l'échafaud révolutionnaire.

Néanmoins les émotions de ces terribles semaines furent trop fortes pour son faible corps. Une après-midi d'automne, deux ou trois mois après son emprisonnement, il entra dans son repos. Ce fut le 24 novembre 1794.

L'abattement dans lequel les derniers évènements avaient plongé les protestants de Nîmes, était tel que leur pasteur le plus distingué fut enseveli dans la cave de sa maison, sans que rien indiquât la place où on l'avait enterré, et sans qu'il fût fait aucune mention de cet evènement dans les registres de l'Eglise.

Ce nom est inscrit touiefois parmi ceux « qui, par « la foi, ont conquis des royaumes, ont exercé la « justice, ont obtenu l'effet des promesses, ont fermé « la gueule des lions, ont éteint la force du feu, ont « échappé au tranchant des épées, ont été vaillants « dans la guerre, ont mis en fuite les armées des « étrangers (Hébr. X, 34) ; — parmi ceux qui furent « lapidés, sciés, mis à l'épreuve et mis à mort par le « tranchant de l'épée ; qui ont été errants çà et là, « vêtus de peaux de brebis et de peaux de chèvres,

« destitués de tout, affligés, maltraités, eux dont le « monde n'était pas digne ; — qui ont été errants « dans les déserts et dans les montagnes, dans les « cavernes et les antres de la terre. »

« N'oublions pas cette grande nuée de témoins. « Comme eux, « rejetons tout fardeau et le péché « qui nous enveloppe aisément et poursuivons « constamment la course qui nous est proposée, « regardant à Jésus, le chef et le consommateur de « la foi, qui, à cause de la joie qui lui était propo- « sée, a souffert la croix, méprisant l'ignominie, et « s'est assis à la droite du trône de Dieu. » (Hébr. XII, 1. 2.

www.ingramcontent.com/pod-product-compliance
Ingram Content Group UK Ltd.
Pitfield, Milton Keynes, MK11 3LW, UK
UKHW020455180726
13839UKWH00004B/1811

9 782329 558004